Maria Gr

Giallo al Grand

Illustrazioni di **Emiliano Ponzi**

Redazione: Maria Grazia Donati
Progetto grafico e direzione artistica: Nadia Maestri
Grafica al computer: Maura Santini, Simona Corniola
Ricerca iconografica: Laura Lagomarsino

© 2011 Cideb, Genova, Londra

Prima edizione: gennaio 2011

Crediti fotografici
Archivio Cideb; Vista panoramica di piazza Broletto a Lodi -
13 marzo 2009, Zuffe-/ Wikimedia Commons: 5; De Agostini
Picture Library: 6, 7, 41.

Saremo lieti di ricevere i vostri commenti o eventuali
suggerimenti, e di fornirvi ulteriori informazioni sulle nostre
pubblicazioni:
info@blackcat-cideb.com

Le soluzioni degli esercizi sono disponibili sul sito:
www.blackcat-cideb.com

The Publisher is certified by

 CISQCERT

in compliance with the UNI EN ISO 9001:2008
standards for the activities of «Design and
production of educational materials»
(certificate no. 02.565)

ISBN 978-88-530-1088-9 libro + CD

Stampato in Italia da Litoprint, Genova

Indice

 Il testo è integralmente registrato.

CELI1 Esercizi in stile CELI 1 (Certificato di conoscenza della lingua italiana), livello A2.

Como e il suo lago

Il lago di Como, chiamato anche Lario, si trova a pochi chilometri da Milano. Gode di un clima mite e ha un paesaggio multiforme: dalle rive dolci e ricche di vegetazione vicino a Como si passa a quelle ripide e alpine dell'alto lago.

È certamente il più aristocratico tra i laghi italiani per le bellissime ville costruite nei secoli passati sulle sue rive, specialmente su quelle vicino a Como, che lo hanno reso famoso in tutto il mondo. La più celebre è certamente **villa d'Este** a Cernobbio, con il suo magnifico giardino all'italiana. Costruita nella seconda metà del Cinquecento, è stata trasformata in albergo di lusso nel 1873.

Anche **villa Serbelloni**, a Bellagio, località che si può raggiungere in aliscafo o in motonave, è diventata un albergo nel 1870. Oggi appartiene alla fondazione Rockefeller, che la usa per organizzare convegni o soggiorni di studio.

Vanno ricordate anche le numerose chiese e i paesini che sorgono un po' dappertutto. **Gravedona**, per esempio, centro dell'alto lago con la sua chiesa di Santa Maria del Tiglio, costruita nel secolo XII, o **Forte Fuentes**, eretto durante la dominazione spagnola e demolito durante l'occupazione napoleonica. Oppure **l'abbazia di Piona**, fondata da monaci di Cluny sulla sponda orientale del lago.

Due sono le città più importanti sorte sulle sue rive: **Como** e **Lecco**.

Como

La città ha mantenuto il suo aspetto di origine romana. Tra i suoi monumenti ricordiamo il **duomo**, ricco di opere d'arte e di arazzi di diversa provenienza; il **Broletto**, edificio costruito all'inizio del Duecento, con le caratteristiche fasce di marmo bianco, grigio e rosso, e la **chiesa di San Fedele**, con il bel portale ornato di mostri.

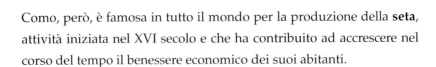

Como, però, è famosa in tutto il mondo per la produzione della **seta**, attività iniziata nel XVI secolo e che ha contribuito ad accrescere nel corso del tempo il benessere economico dei suoi abitanti.

Lecco

Sorta dove il fiume Adda entra nel lago di Como, è da un lato una città moderna e industriale, e dall'altro ha conservato, nel centro storico, monumenti in prevalenza di origine ottocentesca. Il simbolo della città è il **ponte Azzano Visconti** o **ponte Vecchio**, ancora in uso. Dell'antico castello di Lecco, abbattuto nel 1784, resta ancora ben visibile la **torre Viscontea**. San Nicolò, l'ex chiesa dell'antico castello, è ora diventata il duomo di Lecco.

Castello dell'Innominato, Lecco.

Nel centro storico si trova anche **villa Manzoni**, appartenuta alla famiglia del famoso scrittore fino al 1818. Qui Alessandro Manzoni, che con il suo romanzo *I Promessi Sposi* ha reso famoso in tutto il mondo il lago di Como, ha soggiornato durante l'infanzia e la gioventù.

Comprensione scritta

1 Rileggi il dossier e indica se le seguenti affermazioni sono vere (V) o false (F).

		V	F
1	Il lago di Como non è lontano da Milano.	☐	☐
2	Per le meravigliose ville, costruite sulle sue rive, il lago di Como è uno dei più esclusivi laghi italiani.	☐	☐
3	Villa Serbelloni è stata costruita dal miliardario americano Rockefeller.	☐	☐
4	A Forte Fuentes ha soggiornato Napoleone.	☐	☐
5	Le città più importanti sono Como e Milano.	☐	☐
6	Como ha conservato il suo aspetto di città etrusca.	☐	☐
7	Como è famosa in tutto il mondo per la produzione della lana.	☐	☐
8	Lecco è una città moderna che però ha conservato un centro storico ottocentesco.	☐	☐
9	Nel centro storico di Lecco si trova il palazzo dove ha abitato lo scrittore Alessandro Manzoni.	☐	☐
10	Alessandro Manzoni è l'autore dei *Promessi Sposi*.	☐	☐

Personaggi

Da sinistra a destra: **il dottor Grabeschi, Valentine, il signor Günther,
la signora Elfriede, Giorgio, Carolina, Richard,**

monsieur Henry, la signora e il signor Fishbottom-Newman, il commissario.

Prima di leggere

1 Queste parole sono usate nel capitolo 1. Associa ogni parola all'immagine corrispondente.

a Una cornice   d Un lampadario   g Un pavimento

b Una poltrona   e Un quadro   h Una scrivania

c Uno specchio   f Un tappeto   i Un armadio

CAPITOLO 1

In viaggio

Mentre il treno si mette in movimento, Carolina, affacciata al finestrino, guarda i suoi genitori che non smettono di agitare le mani per salutarla. Osserva il viso preoccupato della mamma e non può fare a meno di sospirare.

"Eh, la mamma! pensa la ragazza con un sorriso. È sempre così in ansia per me. Non si è ancora resa conto che non sono più una bambina. Ho 18 anni ormai..."

Sospira di nuovo, chiude il finestrino e si siede. Vorrebbe leggere il romanzo che ha portato con sé, ma non riesce a concentrarsi [1]. È troppo emozionata [2] e felice: per la prima volta in vita sua non deve passare le vacanze con i genitori sulla solita spiaggia dell'Adriatico! Quest'anno l'aspetta un'estate diversa, speciale, ricca di nuove esperienze.

1. **Concentrarsi**: meditare, riflettere intensamente su qualcosa.
2. **Emozionato**: turbato.

"E tutto grazie allo zio Giorgio! pensa la ragazza. La mamma non era molto entusiasta della sua proposta, ma lui, alla fine, è riuscito a convincerla! Caro zio Giorgio!"

Il sogno di Carolina, dopo aver finito gli studi al liceo di Udine, è lavorare alla reception di un grande albergo. Lo zio Giorgio, invece, è un cuoco, un cuoco famosissimo e molto bravo che, dopo aver lavorato in tutti i migliori alberghi del mondo, ha deciso, qualche anno fa, di tornare in Italia. Ora è uno dei due chef responsabili della cucina di un esclusivo albergo sulle rive del lago di Como. È lui che ha proposto a Carolina di lavorare qui durante i mesi estivi per fare pratica. E ora la ragazza è in viaggio per Como dove, tra qualche giorno, comincerà il suo lavoro.

Quando il treno arriva in stazione, Carolina vede subito, tra la folla, lo zio che è venuto a prenderla. Lo saluta affettuosamente e insieme si dirigono verso la macchina. Quando arrivano davanti all'albergo, la ragazza non riesce a trattenere un grido di sorpresa.

— Ma è meraviglioso! gli dice. È un sogno!

In effetti il famoso *Grand Hotel du Lac* è una splendida villa barocca, ora trasformata in albergo di lusso, costruita proprio sul lago e circondata da un bellissimo parco molto ben curato.

Quando entrano nella hall, Carolina è colpita dallo sfarzo degli arredi: sul pavimento di marmo ci sono splendidi e soffici tappeti, mentre dal soffitto pendono immensi lampadari di cristallo. Alle pareti sono appesi specchi dalle cornici dorate e grandi quadri che rappresentano nature morte. I mobili, antichi, sono di grande valore. Enormi mazzi di fiori, dal profumo dolce e piacevole, sono disposti un po' ovunque. Alcuni ospiti, comodamente seduti in poltrona, chiacchierano, bevono qualcosa o leggono il giornale. Il personale dell'albergo, nell'elegante divisa blu scuro, si muove discretamente nella hall.

Lo zio e Carolina salgono all'ultimo piano, dove si trovano gli alloggi per i dipendenti dell'albergo. Lo zio le fa subito vedere la sua stanza. È piccola, ma ben arredata: di fronte alla porta c'è un letto, nell'angolo a sinistra una scrivania e una poltroncina, a destra si trova un armadio. Dalla finestra si ha una bellissima vista sul lago. Carolina si affaccia e resta incantata dal panorama. Vorrebbe esprimere il suo entusiasmo, ma lo zio le dice:

— Oggi è il mio giorno libero. Dopo che ti sei sistemata, se non sei troppo stanca, possiamo fare un giretto in città, poi possiamo cenare insieme da qualche parte. Che ne dici?

— Certo, zio. Per me va benissimo. Grazie! Ma prima potrei chiamare la mamma? Lo sai com'è...

Naturalmente lo zio è d'accordo, conosce molto bene sua sorella e propone a Carolina di aspettarla nel parcheggio dell'albergo.

Dopo aver passato una bella serata insieme, zio e nipote fanno ritorno al *Grand Hotel du Lac*.

— Al mattino la colazione per il personale è alle sette in punto! Ti raccomando di essere puntuale. Il direttore, il signor Günther, tiene molto alla puntualità e all'ordine! Farai la sua conoscenza: sembra una persona molto severa, ma in realtà è molto gentile e corretto. Buona notte, Carolina. A domani!

— Buona notte, zio! E grazie di tutto! Sono proprio felice di essere qui!

Carolina sale in camera, si prepara per la notte e si addormenta felice.

Comprensione scritta e orale

1 Rileggi il capitolo e indica se le seguenti affermazioni sono vere (V) o false (F).

		V	F
1	Alla stazione Carolina saluta le amiche.	☐	☐
2	Carolina è felice perché non deve andare in vacanza con i genitori.	☐	☐
3	Grazie allo zio, Carolina può lavorare al *Grand Hotel du Lac*.	☐	☐
4	Il direttore dell'albergo è venuto a prenderla.	☐	☐
5	Il *Grand Hotel du Lac* è una villa moderna.	☐	☐
6	La hall dell'albergo è arredata con mobili, tappeti e quadri preziosi.	☐	☐
7	La camera di Carolina è grande e ha una bella vista sul lago.	☐	☐
8	Lo zio Giorgio invita la nipote a cena.	☐	☐
9	Lo zio raccomanda a Carolina di arrivare puntuale a colazione.	☐	☐
10	Carolina è molto agitata e non riesce ad addormentarsi.	☐	☐

CELI 1

2 Carolina descrive alla mamma la hall dell'albergo, ma commette alcuni errori. Trovali e sottolineali.

> Nella cucina sono rimasta colpita dallo sfarzo degli arredi: sul pavimento di legno ci sono vecchi tappeti, mentre dal soffitto pendono piccoli lampadari di plastica. Alle pareti sono appesi specchi dalle cornici argentate e piccoli quadri che rappresentano persone famose. I mobili, moderni, sono di poco valore. Enormi mazzi di erbe aromatiche, dal profumo dolce e spiacevole, sono disposti un po' ovunque. Alcuni ospiti, comodamente seduti sui divani, dormono, bevono qualcosa o guardano la TV. Il personale dell'albergo, nell'elegante divisa rosso scuro, si muove rumorosamente nella hall.

Competenze linguistiche

1 Scegli il contrario dei seguenti aggettivi.

1	Preoccupato	a	☐ Stanco	b	☐ Tranquillo
2	Emozionato	a	☐ Controllato	b	☐ Diverso
3	Felice	a	☐ Triste	b	☐ Ansioso
4	Grande	a	☐ Minimo	b	☐ Piccolo
5	Meraviglioso	a	☐ Orrendo	b	☐ Stupido
6	Soffice	a	☐ Dolce	b	☐ Duro
7	Immenso	a	☐ Famoso	b	☐ Ridotto
8	Antico	a	☐ Moderno	b	☐ Caro
9	Elegante	a	☐ Diverso	b	☐ Trasandato
10	Severo	a	☐ Cattivo	b	☐ Indulgente

2 Indica quali aggettivi, tra quelli dell'attività precedente, possono essere utilizzati per descrivere una persona, e quali per descrivere un albergo.

Una persona	Un albergo

Grammatica

La localizzazione

Per localizzare una persona, un animale o una cosa si possono usare preposizioni o locuzioni preposizionali.

Di fronte alla porta c'è un letto, nell'angolo *a sinistra* una scrivania e una poltroncina, *a destra* si trova un armadio.

Preposizioni proprie	Locuzioni preposizionali
a	a destra/sinistra di
da	davanti a
in	dietro
per	di fronte a
su	sopra
tra/fra	sotto

1 **Scegli la forma corretta.**

1 La banca si trova a sinistra *di/del* supermercato.

2 Al mio gatto piace dormire sotto *il/del* letto.

3 *Nel/Sul* tavolo in cucina ci sono dei panini.

4 La fermata dell'autobus n. 5 è di fronte *al/sul* teatro.

5 Sopra *il/del* nostro appartamento vive una famiglia inglese.

6 Una farmacia? Un momento! Ah, sì! È lì a destra *sulla/della* chiesa.

7 Posso lasciare la macchina davanti *sul/al* museo?

8 Dietro *la/dalla* scuola hanno costruito molti palazzi.

9 I francobolli sono *sul/nel* cassetto della scrivania.

10 Abitiamo proprio di fronte *del/al* cinema "Astor".

Produzione scritta e orale

CELI 1

1 **Scrivi una e-mail a un amico/un'amica per descrivere il centro storico del tuo paese o della tua città e invitalo/la a venire a trovarti.**

Prima di leggere

1 Queste parole sono usate nel capitolo 2. Associa ogni parola all'immagine corrispondente.

a	Una cucina	d	Una sala da pranzo	g	Una reception
b	Un bagno	e	Una camera da letto	h	Una palestra
c	Una SPA	f	Una piscina coperta	i	Delle scuderie

Il *Grand Hotel du lac*

Il giorno dopo Carolina si alza presto, si prepara e scende in cucina, dove il personale dell'albergo sta già facendo colazione intorno a un grande tavolo. Lo zio le viene incontro, la saluta e la presenta a tutti. Mentre sta mangiando, arriva il direttore dell'albergo, accompagnato dalla sua assistente, la signora Elfriede. Lui è un signore svizzero di mezza età, vestito elegantemente, mentre lei è una signora tedesca sulla quarantina, bionda con una faccia simpatica. I due salutano, poi il signor Günther si rivolge a Carolina per darle il benvenuto.

— Quando hai finito di fare colazione, la signora Elfriede ti mostrerà l'albergo e ti spiegherà quali sono i tuoi compiti.

— Ho già finito! risponde timidamente la ragazza. Se la signora Elfriede vuole, possiamo andare. Io sono pronta!

— Benissimo! conclude il signor Günther. Allora, domani cominci il lavoro. Se hai qualche problema o domanda, rivolgiti pure a me! Buona giornata!

La signora Elfriede comincia subito la visita all'albergo e le mostra la grande cucina. Poi, passano nella stupenda sala da pranzo, dove alcuni camerieri hanno appena terminato di preparare il buffet della colazione, colmo di frutta esotica dai bellissimi colori, pane di ogni tipo, formaggi, yogurt, torte dall'aspetto appetitoso...

"Mamma mia! pensa Carolina, allibita [1]. Com'è possibile mangiare tutte queste cose già al mattino presto?"

La voce della signora Elfriede interrompe [2] i suoi pensieri.

— Il tuo primo compito, domani, dice la signora, sarà servire la colazione con l'aiuto di Valentine, una ragazza francese che fa pratica nell'albergo già da qualche mese.

Escono dalla sala da pranzo e, prima di salire ai piani superiori, dove sono situate le camere e le suite, la signora Elfriede accompagna Carolina negli uffici della reception. Oggi c'è molto lavoro, alcuni impiegati sono indaffarati a rispondere al telefono, altri lavorano al computer, altri ancora salutano ospiti che partono o che arrivano. Laurence, anche lei francese come Valentine, è la responsabile di quel reparto. Quando vede entrare Carolina e l'assistente del direttore, la ragazza le saluta cordialmente. Dopo le presentazioni, Laurence dà a Carolina alcune brevi informazioni sul suo lavoro.

— Non ti preoccupare, le dice. Non è difficile e poi io sono sempre qui a darti una mano in caso di bisogno!

Salgono poi al primo piano, dove la signora Elfriede le fa vedere alcune camere da letto, lussuosissime e arredate con gran cura. Ogni giorno Carolina, insieme alla sua nuova compagna, Valentine, dovrà pulire le stanze e i bagni e rifare i letti.

1. **Allibito:** molto meravigliato.
2. **Interrompere:** far smettere.

La visita al *Grand Hotel* si conclude con la palestra e la SPA, sistemate nelle ex-scuderie della villa. Carolina chiede:

— I dipendenti dell'albergo possono usare la palestra?

— Di solito no... Ma per te faccio un'eccezione [3]. Se mi prometti, però, di andarci solo durante la pausa di mezzogiorno. Va bene?

— Per me va benissimo, ringrazia la ragazza.

— Allora avverto subito Richard, il responsabile, conclude la signora Elfriede.

Mentre l'assistente del direttore telefona, Carolina si guarda in giro ed è affascinata da tutti quegli attrezzi modernissimi, tenuti in perfetto ordine. Si accorge che sul manubrio delle cyclette e dei tapis roulant sono sistemati dei piccoli schermi. La signora Elfriede nota lo stupore della ragazza e spiega:

— Gli esercizi che si possono fare con questi attrezzi sono piuttosto noiosi. I nostri ospiti, però, possono distrarsi guardando i loro programmi preferiti e allo stesso tempo fare sport.

Prima di uscire danno un'occhiata alla grande piscina coperta. Carolina, che ama il nuoto, è entusiasta all'idea di poterla avere tutta per sé. La signora Elfriede guarda l'orologio ed esclama:

— È quasi mezzogiorno e io ho ancora molto lavoro da sbrigare! Se non ti dispiace, finiamo la visita qui. Domani Richard ti farà vedere il resto.

Dopo aver chiuso la porta della palestra, la signora Elfriede saluta Carolina, le augura una buona giornata e le consegna un foglio con il piano di lavoro.

La ragazza, rimasta sola, decide di trascorrere la sua ultima giornata libera prendendo il sole in un angolino nascosto della spiaggia privata dell'albergo.

3. **Un'eccezione**: cosa che non rientra nella normalità.

Comprensione scritta e orale

CELI 1

1 Rileggi il capitolo e scegli l'alternativa corretta.

1 Carolina fa colazione in
a ☐ giardino. b ☐ cucina. c ☐ sala da pranzo.

2 Il direttore e la sua assistente danno a Carolina
a ☐ il piano di lavoro.
b ☐ un giorno libero.
c ☐ il benvenuto.

3 La signora Elfriede comincia la visita dell'albergo dalla
a ☐ reception. b ☐ sala da pranzo. c ☐ cucina.

4 Quando vede il buffet della colazione Carolina è
a ☐ felice. b ☐ allibita. c ☐ delusa.

5 La compagna di lavoro di Carolina è
a ☐ francese. b ☐ inglese. c ☐ portoghese.

6 La palestra e la SPA si trovano nelle
a ☐ ex-cucine. b ☐ ex-scuderie. c ☐ ex-camere da letto.

7 Solo per Carolina la signora Elfriede fa
a ☐ un'escursione.
b ☐ un'eccezione.
c ☐ un'esposizione.

8 Mentre fanno gli esercizi in palestra, per distrarsi, gli ospiti possono guardare
a ☐ la televisione. b ☐ i quadri antichi. c ☐ il lago.

9 Prima di uscire dalla palestra Carolina e la signora Elfriede guardano brevemente
a ☐ gli attrezzi. b ☐ la piscina. c ☐ la lista degli ospiti.

10 Nell'ultima giornata libera Carolina decide di
a ☐ guardare le vetrine dei negozi.
b ☐ dormire.
c ☐ andare alla spiaggia privata dell'albergo.

Competenze linguistiche

1 Indica se le seguenti affermazioni sono vere (V), false (F) o se non si sa (?).

		V	F	?
1	Di solito gli italiani a colazione prendono solo un caffè.	☐	☐	☐
2	I francesi a colazione mangiano le uova.	☐	☐	☐
3	I tedeschi a colazione mangiano cereali.	☐	☐	☐
4	Gli inglesi a colazione mangiano un cornetto inzuppato nel caffelatte.	☐	☐	☐
5	Negli Stati Uniti a colazione si mangiano i pancake con lo sciroppo di acero.	☐	☐	☐
6	La colazione dei paesi nordici è molto più abbondante di quella dei paesi dell'Europa meridionale.	☐	☐	☐

Grammatica

Gli aggettivi possessivi

Gli **aggettivi possessivi** servono ad indicare a chi appartiene qualcosa. In italiano sono spesso preceduti da un articolo determinativo o indeterminativo.

*La signora Elfriede, la **mia** assistente, ti mostrerà l'albergo e ti spiegherà quali sono i **tuoi** compiti.*

Persona	Maschile singolare	Maschile plurale	Femminile singolare	Femminile plurale
io	mio	miei	mia	mie
tu	tuo	tuoi	tua	tue
lui/lei	suo	suoi	sua	sue
noi	nostro	nostri	nostra	nostre
voi	vostro	vostri	vostra	vostre
essi/esse	loro			

1 Completa le frasi con gli aggettivi possessivi adatti e l'articolo se necessario.

1   Ieri sono uscita con .... amica di Bergamo.

2   Quest'anno Roberto è andato in vacanza senza .... famiglia.

3   Per il prossimo fine-settimana Carla e suo marito hanno organizzato una festa nel .... giardino.

4   Caterina, dov'è esattamente .... casa in Sardegna?

5   Per domani abbiamo organizzato un'escursione in montagna per .... ospiti inglesi.

6   Senti, Maria Luisa, ... macchina è nuova?

7   Ester e Sonia, non conosciamo ancora .... amici greci!

8   Monica e .... ragazzo hanno deciso di vivere insieme.

2 Completa le frasi con l'aggettivo possessivo adatto e l'articolo se necessario.

Es. *(tu) libro   Mi presti un momento il tuo libro?*

1   Quando venite a vedere (noi) .... nuovo appartamento?

2   (Marco) .... quadri non mi piacciono per niente!

3   Non trovo più (io) ....occhiali!

4   Dove avete messo (voi) .... bagagli?

5   (Sonia e Antonio) si incontrano spesso con .... colleghi

6   (Caterina) .... cani hanno vinto un premio a una mostra.

Produzione scritta e orale

CELI 1

1 Come si fa colazione nel tuo paese? Racconta.

CELI 1

2 Che cosa potresti offrire a colazione ai tuoi amici italiani?

CAPITOLO **3**

Primo giorno di lavoro

Oggi per Carolina è il primo giorno di lavoro. Si alza, si prepara
velocemente e, prima di scendere a fare colazione, dà ancora
un'occhiata al suo piano di lavoro.

"Allora... dalle 8 alle 10 devo aiutare a servire la colazione e
controllare sempre che al buffet non manchi niente; dalle 10 alle
12 devo aiutare Valentine a rimettere in ordine le camere; dalle 12
alle 14 circa pausa; poi dalle 14 alle 16 devo dare una mano al
personale di cucina; dalle 16 alle 18, invece, devo aiutare il
personale alla reception. Però..., osserva la ragazza sospirando, è
tutto perfettamente organizzato. È ora di andare!"

Scende in cucina, saluta, si siede al grande tavolo e fa
colazione con gli altri. Cinque minuti dopo arriva il direttore,
impeccabile [1] come sempre, con la sua assistente e con una

---

1. **Impeccabile**: perfetto.

ragazza, piccolina e rotondetta [2]. Il signor Günther, con il suo strano accento, le dice:

— Lei è la tua compagna di lavoro, Valentine. È francese, di Lione.

Si salutano cordialmente e si trovano subito simpatiche.

Nella stanza vicino alla cucina lo zio ha una riunione con i suoi assistenti, per discutere il menù di una festa molto importante che si svolgerà sabato. Dalla porta fa gli auguri alla nipote:

— In bocca al lupo! Stasera a cena voglio sapere com'è andato il tuo primo giorno di lavoro!

Le dà una piccola pacca [3] affettuosa sulla schiena e torna alla sua riunione.

Nella pausa di mezzogiorno Carolina, per l'emozione, non ha voglia di mangiare.

"Servire la colazione e rimettere in ordine le camere, pensa, è andato benissimo. Valentine è una ragazza simpatica ma così chiacchierona!!"

Decide di andare in palestra per fare un po' di sport e rilassarsi. La porta è chiusa, allora suona il campanello: le apre un ragazzo alto, biondo con due meravigliosi occhi azzurri.

— Buongiorno, le dice stupito, con un forte accento americano. Mi dispiace, ma adesso la palestra è chiusa. Si riapre alle 14!

— Lo so, gli risponde la ragazza timidamente. Ma ho il permesso della signora Elfriede, lavoro qui per fare pratica durante l'estate...

---

2. **Rotondetto:** non del tutto magro.
3. **Una pacca:** colpo amichevole dato con la mano.

— Ah! la interrompe gentilmente il ragazzo. Scusami tanto! È vero, la signora Elfriede mi ha telefonato ieri... Tu sei Carolina... Piacere, io sono Richard. Entra, vieni! Ti faccio vedere...

Durante la visita il ragazzo, responsabile del perfetto funzionamento della palestra, le dice che viene dagli Stati Uniti, da Boston.

Studia medicina all'università vicino alla sua città. Aggiunge che durante le vacanze estive ha lavorato molto spesso nelle palestre di alcuni alberghi di lusso in Florida e sulla costa della Nuova Inghilterra.

Le racconta che i nonni vengono dall'Italia, più precisamente dal Piemonte, e che durante questo soggiorno vorrebbe imparare meglio la loro lingua.

Carolina, che trova il ragazzo molto simpatico e anche carino, ha subito un'idea.

— Ascolta... Io avrei bisogno di migliorare il mio inglese. Perché non ci incontriamo qualche volta dopo il lavoro... la sera, per esempio? Io correggo [4] il tuo italiano e tu fai lo stesso con il mio inglese! Che ne dici? chiede la ragazza, sorpresa per il suo improvviso coraggio.

— È una buona idea! Sì, è proprio una buona idea! Quando vogliamo cominciare?

— Anche stasera, gli propone Carolina. Se non sei troppo stanco...

— Okay, risponde Richard. Oh no, scusa! Volevo dire: va bene!

---

4. **Correggere**: liberare dalle imperfezioni.

Comprensione scritta e orale

1 **Rileggi il capitolo e rispondi alle domande.**

1. Come comincia la prima giornata di lavoro di Carolina?
2. Chi arriva insieme al direttore?
3. Che impressione ha Carolina della sua compagna di lavoro?
4. Dove si trova e che cosa fa lo zio di Carolina, mentre lei fa colazione?
5. Che cosa decide di fare Carolina durante la pausa di mezzogiorno?
6. Chi le apre la porta della palestra?
7. Che impressione ha Carolina di Richard?
8. Carolina, mentre parla con Richard, ha un'idea. Quale?

2 **Scrivi per ogni personaggio tutte le informazioni che ricordi.**

Carolina	
Zio Giorgio	
Signora Elfriede	
Signor Günther	
Laurence	
Valentine	
Richard	

Competenze linguistiche

1 Scrivi sotto a ogni foto la relazione di parentela rispetto a Marco scegliendo tra le parole indicate qui sotto.

cugino   zio   sorella   nonno   padre   cugina
fratello   madre   zia   nonna

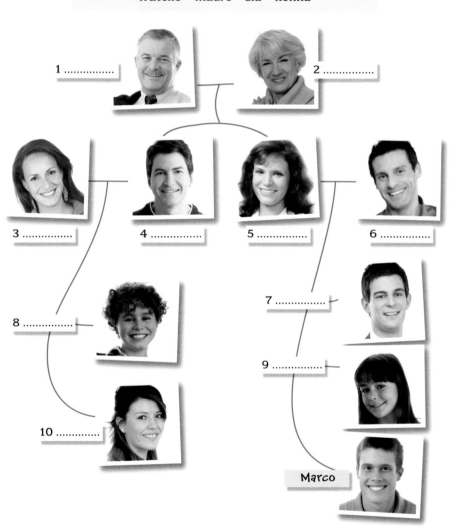

1 ....

2 ....

3 ....

4 ....

5 ....

6 ....

7 ....

8 ....

9 ....

10 ....

Marco

2 Cerca nella griglia i nomi di parentela nascosti.

Grammatica

L'ora

Per chiedere l'ora in italiano si usa la domanda "**Che ora è?**" o "**Che ore sono?**". Si risponde con "**È...**" o "**Sono le...**".
La lingua italiana distingue tra l'ora ufficiale e quella della lingua parlata. Nella lingua parlata si aggiungono i minuti fino alla mezza e dalla mezza si aggiunge meno.
Dalle 8 alle 10 Carolina deve aiutare a servire la colazione.
Richard spiega a Carolina: "La palestra riapre alle 14".

1 Metti in ordine le frasi.

1 al/incontriamo/alle/stasera/ci/bar/20.30? ....

2 alle /treno /il/arriva/nostro/17.45. ....

3 le/verso/biblioteca/in/trovi/11/mi/domani. ....

4 dentista/alle 9/appuntamento/ha/dal/un/Anna/martedì. ....

5 la/apre /alle/palestra/8.30. ....

6 una/alle/il/facciamo/pausa/per/12/pranzo. ....

7 solito/alle/ufficio/14/in/torna/Luisa/di. ....

8 dormire/verso/a/vanno/mezzanotte. ....

2 Disegna le lancette degli orologi.

a Sono le 2 e 15.   b Sono le 18 e 40.   c Sono le 7 meno 5.

d Sono le 20 meno 20. e È mezzogiorno.   f È l'una e 30.

Produzione scritta e orale

CELI1

1 Descrivi la tua famiglia. Scrivi alcune informazioni (professione, abitazione, aspetto fisico, carattere...) su ognuno di loro. Se preferisci, puoi "inventare" una famiglia.

CELI1

2 Descrivi la tua giornata.

Il secondo chef, monsieur Henry

Il giorno dopo, quando si sveglia, Carolina ripensa alla piacevole **serata trascorsa con il suo nuovo amico.**

"Richard, pensa, è proprio un ragazzo simpatico, intelligente e gentile. Sono molto felice di aver fatto la sua conoscenza."

Mentre fa colazione con gli altri, qualcuno apre la porta con violenza e, senza salutare, grida con un forte accento francese:

— Ah, voilà, mademoiselle Carolinà! La nipotina, suppongo, del nostro famoso grande chef, Giorgiò... Benvenuta tra noi!

La ragazza volge lo sguardo verso la porta ancora aperta e vede un buffo omino [1] grasso con due baffetti ridicoli e fuori moda.

— Buong..., balbetta [2] confusa Carolina.

— Io, la interrompe l'ometto, sono Henry, anzi monsieur Henry, il secondo chef!!!

---

1. **Un buffo omino**: un uomo piccolo che fa ridere.
2. **Balbettare**: parlare alterando le parole.

E se ne va sbattendo nuovamente la porta.

Più tardi, mentre mettono in ordine le camere, Valentine le spiega che Henry, chiamato da tutto il personale Monsieur Pallina per il suo aspetto, è appunto il secondo chef dell'albergo. Lui e lo zio Giorgio lavorano a giorni alterni.

— Però, continua la ragazza, quasi tutti gli ospiti dell'albergo preferiscono la cucina raffinata e originale di tuo zio. Naturalmente monsieur Henry è gelosissimo. E non lo nasconde, come hai visto oggi!

A mezzogiorno, mentre Carolina pranza, arriva lo zio. Oggi è il suo giorno libero, ma è venuto ugualmente in albergo perché deve rivedere con i suoi assistenti il menù per la famosa festa. Sabato prossimo, infatti, una ricchissima signora americana festeggia il compleanno e ha preteso che Giorgio, e solo lui, prepari la cena. Dopo aver salutato tutti, lo zio sta per entrare nel suo ufficio accanto alla cucina, quando, improvvisamente, si apre una porta e appare Henry che gli urla, infuriato:

— Mi vuoi rovinare! Che cosa hai detto a madame Fishbottom? Ti assicuro che la pagherai... Non finisce qui...

Tutti i presenti lo guardano imbarazzati [3]. Non lo hanno mai visto così arrabbiato. Qualcuno gli si avvicina, lo prende gentilmente per un braccio e gli sussurra qualcosa all'orecchio nel tentativo di mettere fine alla scenata. Tutto è inutile: Henry continua a strillare, ad agitare le mani in maniera minacciosa e a urlare nella sua lingua parole che nessuno riesce a capire. Alle grida del secondo chef accorrono anche il direttore e la sua assistente.

— Monsieur Henry, si calmi, la prego! gli dice gentilmente il signor Günther. I nostri ospiti potrebbero sentirla! Che cosa è

---

3. **Imbarazzato**: turbato, confuso.

successo? Venga con me nel mio ufficio e la smetta, per favore!

L'intervento del direttore rende ancora più furioso Henry, che inizia a fargli dei rimproveri.

— Lei, gli dice urlando, non mi aiuta. Non mi dà una chance! Tutti gli incarichi migliori vanno sempre e solo a Giorgiò! Lei...

A queste parole il direttore comincia a perdere la pazienza: la sua gentilezza ha un limite. Cerca di difendersi dalle accuse insensate di Henry, ma senza successo.

Interviene allora la signora Elfriede. Più energica e risoluta, afferra per un braccio il cuoco, che continua a sbraitare [4], e cerca di tirarlo fuori dalla cucina spingendolo verso l'uscita.

— Andiamo, gli dice. Venga con me in giardino. Cerchiamo di ragionare con calma!

Henry non oppone resistenza e si lascia condurre fuori, ma prima di lasciare la stanza si gira e vorrebbe dire ancora qualcosa allo zio e al direttore, ma la signora Elfriede lo ferma.

— Su, adesso basta! conclude la donna.

Dopo che se sono andati, l'atmosfera in cucina è gelida, nessuno ha il coraggio di parlare o di fare qualcosa. Lo zio cerca di sdrammatizzare [5] la situazione, invita tutti a rimettersi a mangiare, poi si avvicina alla nipote. In tono gentile le dice:

— Non ti preoccupare! Di solito non si comporta così. Lo so che è geloso di me e del mio lavoro, ma la sua reazione di oggi è insolita! Comunque sono sicuro che tutto finisce qui!

Dopo averle fatto alcune domande sul suo lavoro, la saluta e sparisce nel suo ufficio seguito dagli assistenti.

"Non ne sono molto convinta! pensa Carolina. Speriamo bene!"

---

4. **Sbraitare**: gridare in maniera esagerata.
5. **Sdrammatizzare**: attenuare la gravità di qualcosa.

Comprensione scritta e orale

1 Rileggi il capitolo e rispondi alle domande.

1 Che cosa pensa Carolina di Richard?
2 Come saluta la ragazza il secondo cuoco?
3 Valentine dà a Carolina qualche informazione su monsieur Henry?
4 Perché lo zio lavora oggi, anche se è il suo giorno libero?
5 Perché Henry è infuriato?
6 Gli ospiti dell'albergo sentono le urla di Henry?
7 Chi interviene per calmare lo chef infuriato?
8 Dove vanno la signora Elfriede e Henry?
9 Lo zio cerca di rassicurare Carolina?
10 Che cosa pensa Carolina della parole dello zio?

CELI 1

 2 Ascolta e compila la scheda con alcune informazioni sullo chef francese.

Henry Rongier	
Età	
Famiglia	
Aspetto fisico	
Provenienza	
Curriculum professionale	
Attività del tempo libero	

Competenze linguistiche

1 Cerca l'intruso.

1 bello/noioso/economico/basso.

2 pericoloso/carino/simpatico/magro.

3 rotondetto/intelligente/bianco/timido.

4 alto/verde/divertente/anziano.

5 sensibile/arrogante/difficile/stupido.

6 vanitoso/attraente/nuvoloso/grasso.

2 Scegli gli aggettivi che si riferiscono a Valentine, alla signora Elfriede, al direttore dell'albergo, a Richard e allo chef francese.

> severo infuriato gentile elegante rotondetta biondo
> corretto bionda simpatica impeccabile intelligente
> piccolina chiacchierona carino buffo
> grasso energica geloso risoluta alto

1 Valentine è ....

2 La signora Elfriede è ....

3 Il signor Günther è ....

4 Richard è ....

5 Henry è ....

Grammatica

Il superlativo assoluto

Il superlativo assoluto si forma mettendo davanti all'aggettivo o all'avverbio *molto*, oppure aggiungendo alla fine dell'aggettivo o dell'avverbio il suffisso *-issimo, -issima, -issimi, -issime*.

*Sono **molto felice** di aver fatto la sua conoscenza.*

*Naturalmente monsieur Henry è **gelosissimo**.*

1 Completa le frasi con un aggettivo al superlativo assoluto.

pigro   bravo   elegante   simpatico   grande   veloce

1   Caterina ha comprato una macchina ....

2   Tu non fai mai sport. Sei una persona ....

3   Nella nostra città ci sono negozi ....

4   Cerco un appartamento ....

5   Anna e Valentina sono due ragazze ....

6   Come insegnante Mario è ....

Produzione scritta e orale

CELI1

1 A un concorso hai vinto un soggiorno per un lungo fine settimana (arrivo giovedì/partenza domenica) al *Grand Hotel du Lac*.
Che cosa potresti fare? Riposare? Usare la SPA? Visitare la zona? O un po' di tutto questo? Inserisci nella tabella il tuo programma.

Grand Hotel du Lac

	Giovedì	Venerdì	Sabato	Domenica
Mattino	*arrivo*			
Pomeriggio				
Sera				*partenza*

Lavorazione della seta, Italia, XVII secolo.

La seta

La storia della seta comincia da lontano

La lavorazione della seta ha le sue origini in Cina, dove compare nel 6000 a.C., e da lì si diffonde in altri paesi, come Giappone, Corea e India.

La seta arriva in Europa intorno al 552 d.C., quando, come racconta la tradizione, due monaci al servizio dell'imperatore di Bisanzio, Giustiniano, rubano alcuni bachi da seta e li nascondono in un bastone.

Nel XII secolo, la Sicilia è la prima regione italiana ad allevare i bachi da seta. Da qui l'attività si diffonde in Toscana, Veneto e soprattutto in Lombardia.

La produzione della seta in Lombardia diventa importante nel Seicento e conosce un periodo di grande sviluppo anche nel secolo successivo, durante la dominazione austriaca, che concede aiuti economici ai bachicoltori. Nel periodo napoleonico inizia una crisi del settore, sia a causa delle distruzioni di impianti e di fabbriche da parte dell'esercito di Napoleone, sia per la rivalità con i grandi centri di produzione francese della seta, ad esempio Lione. Con fasi alterne

la seta rimane una produzione importante, soprattutto nella zona di Como, che si specializza e produce tessuti richiesti in tutto il mondo. All'inizio del XX secolo, però, comincia il declino di questa industria, poiché vengono scoperte le fibre sintetiche.

Negli anni più recenti l'industria della seta di Como ha molto ridotto la sua produzione, poiché la seta proviene soprattutto dalla Cina, che è da moltissimi secoli l'altro grande produttore di questo prezioso tessuto.

La lavorazione della seta

Le fabbriche dove si lavora la seta si chiamano «filande». Tradizionalmente vi lavoravano soprattutto le donne e i bambini. Le condizioni di lavoro erano molto dure. L'età delle operaie andava dai 10 ai 20 anni, ma non era insolito l'impiego di bambini a partire dai 7 anni. Nelle filande si lavorava dalle 12 alle 15 ore, sempre in piedi. Chi lavorava teneva a lungo le mani nell'acqua bollente per sciogliere i bozzoli e questo causava molte malattie.

La seta oggi

La seta è impiegata soprattutto nella produzione di tessuti pregiati. I grandi sarti utilizzano questo materiale per le loro creazioni, e non soltanto per le famose cravatte, le camicie, la biancheria intima, e i foulard, ma anche nell'ambito dell'arredamento (produzione di tende e tappezzerie) di lusso.

Negli ultimi anni, inoltre, la seta viene usata anche nel campo della medicina, a causa della sua forza e della sua resistenza.

Le sue caratteristiche (morbidezza, brillantezza e piacevolezza al tatto) la rendono uno dei materiali più apprezzati al mondo.

Comprensione scritta

1 Scegli l'alternativa corretta.

1 La seta fa la sua apparizione nel
   a ☐ 2500 a.C.
   b ☐ 6000 a.C.
   c ☐ 4000 a.C.

2 La città rivale per la produzione della seta era:
   a ☐ Tolosa.
   b ☐ Lione.
   c ☐ Parigi.

3 Il declino della produzione della seta avviene con la scoperta
   a ☐ dell'America.
   b ☐ della plastica.
   c ☐ delle fibre sintetiche.

4 Le fabbriche, dove si lavora la seta, si chiamano
   a ☐ falegnamerie.
   b ☐ filande.
   c ☐ fonderie.

5 Un tempo nelle filande lavoravano
   a ☐ gli uomini e i bambini.
   b ☐ solo le donne.
   c ☐ le donne e i bambini.

CAPITOLO **5**

Uno spiacevole incidente

Pochi giorni prima della festa di compleanno, mentre le due 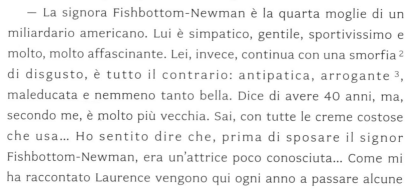 ragazze mettono in ordine una camera, Valentine racconta a Carolina alcuni pettegolezzi [1] sulla signora americana.

— La signora Fishbottom-Newman è la quarta moglie di un miliardario americano. Lui è simpatico, gentile, sportivissimo e molto, molto affascinante. Lei, invece, continua con una smorfia [2] di disgusto, è tutto il contrario: antipatica, arrogante [3], maleducata e nemmeno tanto bella. Dice di avere 40 anni, ma, secondo me, è molto più vecchia. Sai, con tutte le creme costose che usa... Ho sentito dire che, prima di sposare il signor Fishbottom-Newman, era un'attrice poco conosciuta... Come mi ha raccontato Laurence vengono qui ogni anno a passare alcune

---

1. **Un pettegolezzo:** discorso maligno su qualcuno.
2. **Una smorfia:** contrazione del viso.
3. **Arrogante:** superbo, presuntuoso.

settimane di vacanza sul lago. Mentre lui si riposa, fa sport o visita monumenti e città, lei si diverte a fare spese a Como o a Milano. O partecipa a feste nelle ville qui sul lago. Ti immagini?

Valentine continua a chiacchierare senza stancarsi e Carolina, come sempre, non l'ascolta più. Tra sé e sé, però, non può fare a meno di dare ragione alla ragazza francese. Durante il lavoro ha conosciuto il miliardario americano, che trova molto gentile e simpatico. Per sua moglie, invece, condivide il parere di tutti gli impiegati dell'albergo: è antipatica e non le va mai bene niente!

La sera della festa tutta la terrazza sul lago è illuminata dalle candele. I tavoli sono decorati in modo raffinato; per la serata il signor Günther ha deciso di usare i piatti più preziosi, quelli che riserva per le occasioni più importanti. Per espresso desiderio della festeggiata la terrazza e i tavoli sono decorati con fiori esotici.

In un angolo è sistemata una piccola orchestra, che suona una piacevole musica, intrattenendo gli ospiti durante la cena.

Per l'occasione la signora americana indossa un abito elegantissimo, che un famoso stilista ha creato per lei. Le mani, le braccia, il collo e le orecchie sono ricoperti da gioielli preziosi. Tutti gli ospiti le stanno attorno, la ammirano e le fanno un sacco di complimenti.

Anche Carolina e Valentine devono lavorare stasera: aiutano a servire la cena, preparata con gran cura dallo zio Giorgio. Per le due ragazze è un avvenimento eccezionale: non hanno mai visto tanto lusso e tante persone importanti.

Tra gli ospiti riconoscono alcuni personaggi famosi. Le due ragazze sono emozionate, soprattutto quando vedono entrare il loro attore preferito, uno splendido ragazzo americano. Purtroppo devono far finta di niente e continuare il lavoro con serietà, sotto l'occhio vigile della signora Elfriede.

Alla fine della cena arriva la torta di compleanno, un vero capolavoro dello zio, con 40 candeline. Valentine dà una gomitata [4] a Carolina e le dice sottovoce:

— Figurati... 40 anni!

Tutti gli ospiti applaudono, alzano i calici in segno di augurio verso la festeggiata, che sorride felice e comincia a tagliare il dolce, mentre l'orchestra suona *Happy Birthday to You*. Il signor Fishbottom-Newman sta un po' in disparte e osserva la scena divertito: in mano ha un piatto colmo di muffin [5] ai frutti di bosco, che mangia di gusto. A lui le torte non piacciono e per questo lo zio gli ha preparato il suo dolce preferito. All'improvviso il miliardario americano lascia cadere il piatto, si porta una mano alla gola, rantola e cade rumorosamente a terra. Gli invitati si girano verso di lui, sorpresi. Qualche signora comincia a gridare, mentre sua moglie urla:

— Oh, my gooood! Che cosa succede? Mio povero darling!!!!!

In tutto questo trambusto [6] qualcuno dice che forse sarebbe meglio chiamare un medico. Pochi minuti dopo, infatti, arriva il medico dell'albergo, accompagnato dal signor Günther e dalla sua immancabile assistente. Il dottor Grabeschi esamina il corpo del miliardario steso a terra. Dopo alcuni, lunghissimi, minuti, si rialza, scuote la testa e dice tristemente:

— Mi dispiace, ma il signor Fishbottom-Newman è morto! Forse un infarto [7]...

A questa notizia la moglie si porta una mano alla fronte e sviene.

---

4. **Una gomitata**: colpo dato con il gomito.
5. **Un muffin**: dolcetto tipico della cucina inglese o americana.
6. **Il trambusto**: agitazione, confusione.
7. **Un infarto**: lesione del cuore che può provocare la morte.

Comprensione scritta e orale

1 Rileggi il capitolo e rispondi alle domande.

1 Che cosa mettono in ordine le due ragazze?
2 Di che nazionalità è la signora che festeggerà il compleanno?
3 Perché Carolina a un certo punto non ascolta più Valentine?
4 Caroline condivide le opinioni di Valentine sulla signora Fishbottom-Newman?
5 Come sono decorati i tavoli per la festa di compleanno?
6 Come sono vestiti gli ospiti che partecipano alla festa?
7 Perché Carolina e Valentine sono presenti alla festa?
8 Chi vedono arrivare alla festa le due ragazze?
9 Che cosa succede mentre la festeggiata taglia la torta?
10 Qual è la diagnosi del dottor Grabeschi?

CELI1

2 Carolina racconta a Richard i pettegolezzi di Valentine sull'ospite americana. È molto stanca e fa alcuni errori. Trovali.

La signora Fishbottom-Newman è la seconda moglie di un attore americano. Lui è simpatico, gentile, pigrissimo e molto, molto elegante. Lei, invece, continua con una sorriso di disgusto, è tutto il contrario: antipatica, atletica, maleducata e nemmeno tanto intelligente. Dice di avere 50 anni, ma, secondo me, è molto più vecchia. Sai, con tutti i profumi costosi che usa... Ho sentito dire che, prima di sposare il signor Fishbottom-Newman, era una cantante molto conosciuta... Come ha raccontato Laurence, la ragazza inglese della cucina, vengono qui ogni sei mesi a passare alcune settimane di vacanza sul lago. Mentre lui si riposa, legge o va a trovare amici, lei si diverte a fare passeggiate a Como o a Milano. O partecipa a feste nelle ville qui sulle montagne. Ti immagini?

Competenze linguistiche

1 Ecco un tavolo decorato per una festa di compleanno. Abbina i nomi qui sotto agli oggetti nella foto.

a Un bicchiere   d Un coltello   g Una forchetta da dessert

b Un cucchiaio   e Una forchetta   h Un piatto

c Un tovagliolo   f Un porta sale e pepe

Grammatica

Le espressioni di tempo

Le espressioni di tempo rispondono alla domanda **Quando?**. Ecco le principali.

- **Dopo (di)** indica qualcosa che accade successivamente rispetto a un momento preciso.
  Dopo alcuni, lunghissimi, minuti, si rialza.

- L'aggettivo **ogni** (anno, mese, settimana, giorno, ora...), sempre usato al singolare, indica la frequenza con cui si verifica una certa cosa.
  Vengono qui ogni anno a passare alcune settimane.

- La congiunzione **mentre** introduce una proposizione temporale con il verbo all'indicativo. Si riferisce ad un'azione che si svolge nello stesso momento di un'altra.
  Mentre lui si riposa, o visita monumenti e città, lei si diverte a fare spese.

- La preposizione **durante** indica il momento in cui si svolge un'azione.
  Durante il lavoro ha conosciuto il miliardario americano.

- L'avverbio **all'improvviso** indica qualcosa di inaspettato.
  All'improvviso il miliardario americano lascia cadere il piatto.

1 Completa le frasi scegliendo l'espressione di tempo adatta.

1   Le vacanze estive cominciano *tra/in/per* un mese.
2   Caterina è ritornata dal Messico pochi giorni *durante/fa/mentre*.
3   Abbiamo incontrato Anna *durante/fra/mentre* facevamo una passeggiata in centro.
4   Di solito vado in palestra *fa/ogni/in* giorno.
5   *All'/Nell'/Dall'* improvviso è suonato il telefono.

Produzione scritta e orale

CELI1

1 Sei stato(a) recentemente a una festa? Se sì, descrivila. Che cosa ti è piaciuto e che cosa non ti è piaciuto?

In albergo

Per capire meglio come funziona un albergo diamo un'occhiata dietro le quinte. Tutto il personale che lavora a diretto contatto col pubblico deve conoscere le principali lingue straniere, in maniera più o meno approfondita, a seconda delle sue funzioni.

La direzione

La persona più importante e con le maggiori responsabilità è il **direttore**. Il successo di un albergo dipende in buona parte dalle sue capacità organizzative. Il direttore deve possedere doti come discrezione, gentilezza e riservatezza. Deve, inoltre, disporre di una conoscenza approfondita del ramo amministrativo ed economico.

L'amministrazione

Il **servizio amministrazione** ha il compito di gestire tutti gli aspetti finanziari, di provvedere all'acquisto dei generi alimentari e del materiale necessario per il funzionamento dell'albergo. Il **servizio dispensa** e **cantina** è, invece, incaricato di gestire e curare tutti i prodotti alimentari.

Il ricevimento

Compito del **reparto ricevimento** è accogliere gli ospiti, fornire informazioni, prendere nota delle prenotazioni per le camere e per il ristorante. Alla testa del reparto c'è un **capo ricevimento**.

La portineria

Il servizio portineria è affidato a un **portiere di giorno** e a un **portiere di notte**. È di loro competenza la registrazione degli ospiti che alloggiano nell'albergo. Sono aiutati da alcune figure che si occupano generalmente dei bagagli degli ospiti e di piccole commissioni, come il *liftier* e lo *chasseur*.

Il ristorante

La sala del ristorante è il regno del *maître d'hotel* e dei suoi collaboratori: lo *chef de rang*, il *commis de salle* e il *commis-débarrasseur* (che ha il compito di sparecchiare i tavoli). Il loro compito è servire i clienti del ristorante. Lo *chef-sommelier*, invece, dà consigli sulla scelta dei vini.

La cucina

Tutto il personale che lavora in cucina si chiama **brigata**. La brigata è composta da diverse **partite**, gruppi di lavoro con compiti ben precisi. Ogni partita ha alla sua testa un **cuoco capo partita**, aiutato da uno o più **commis** (aiutanti).

Altre funzioni

Il servizio ai piani è affidato a una **governante**. Il suo compito è la sorveglianza della pulizia e dell'ordine delle camere, eseguito da **cameriere** e da **facchini**.

La cura della biancheria dell'albergo e di quella dei clienti è affidata al **servizio guardaroba e lavanderia**.

Alcuni alberghi di lusso mettono a disposizione dei clienti un *butler* (un **maggiordomo**) con il compito di fare e disfare i bagagli dei clienti.

Comprensione scritta

1 **Rileggi attentamente il dossier e indica se le seguenti affermazioni sono vere (V) o false (F).**

		V	F
1	Le doti necessarie per diventare direttore di un albergo sono: discrezione, riservatezza e gentilezza.	☐	☐
2	Il compito del servizio amministrazione è di occuparsi della pulizia delle camere.	☐	☐
3	Nel ristorante, lo *chef-sommelier* dà consigli agli ospiti sul menu.	☐	☐
4	Il *butler* è presente in ogni albergo e ha il compito di salutare gli ospiti al loro arrivo.	☐	☐
5	Il personale che lavora in cucina si chiama brigata.	☐	☐

Altri incidenti

La notizia della tragica e inaspettata morte del miliardario
americano è sulla bocca di tutti. Il personale dell'albergo, che
amava il simpatico signor Fishbottom-Newman, è molto triste.
A colazione lo zio Giorgio commenta:

— Purtroppo abbiamo perso un carissimo amico!

A mezzogiorno Carolina, turbata dagli ultimi avvenimenti,
decide di saltare il pranzo e di andare in palestra dove incontra il
suo amico. Anche Richard è molto triste e non riesce a credere
alla diagnosi del dottor Grabeschi.

— Un infarto, dice scuotendo la testa. Non posso crederci! Il
signor Fishbottom-Newman era una persona molto sportiva.
Veniva ogni giorno in palestra per tenersi in forma. Ho potuto
constatare io stesso che era in ottime condizioni fisiche! Pensa,
Carolina! Mi ha persino raccontato che da giovane è stato
campione di nuoto e ha anche partecipato alle Olimpiadi... E poi
non era così vecchio! Quanto mi dispiace!

Carolina, che conosceva appena il miliardario americano, non sa cosa dire e resta in silenzio ad ascoltare il suo amico.

A poco a poco nell'albergo tutto torna alla normalità. L'ormai ricca vedova americana resta chiusa in camera in attesa che le formalità siano terminate per poi tornare negli Stati Uniti. Valentine non può trattenersi dal fare i suoi commenti maliziosi:

— La vedova sta recitando. Non è sincera! Secondo me è felice di ereditare tutti quei soldi e non le interessa la morte del marito!

— Oh come sei cattiva!, taglia corto Carolina, che comincia ad averne abbastanza di tutte quelle chiacchiere.

Il martedì successivo alla festa, quando ormai quasi nessuno parla più del povero signor Fishbottom-Newman e della sua tragica fine, succede un altro spiacevole incidente. Un'anziana contessa austriaca, ospite abituale dell'albergo e odiata da tutto il personale per le sue continue lamentele, muore mentre sta mangiando una minestra che solo lo zio Giorgio aveva il compito di prepararle.

La cosa comincia ad insospettire il medico dell'albergo. La contessa era anziana, ma tutti sapevano che era in ottime condizioni fisiche e ogni giorno faceva lunghissime passeggiate lungo il lago. La cameriera personale, che accompagnava l'anziana contessa nelle sue escursioni, non può far altro che confermare ciò che sanno tutti. Ad ogni modo il dottor Grabeschi dichiara cautamente che anche questa volta la causa della morte potrebbe essere un infarto! Non è molto convinto della sua diagnosi, ma al momento non ha prove per dimostrare il contrario.

Quando, però, due giorni più tardi muore un altro ospite giovane ed eccentrico — proprio mentre sta mangiando un piatto di pesce preparato esclusivamente per lui dallo zio — il medico dell'albergo non può fare a meno di chiamare la polizia!

La cronaca nera e anche quella rosa si interessano alle "strane

morti" del *Grand Hotel du Lac*. I primi giorni gli articoli sono brevi e poco interessanti. Con il passare dei giorni, la stampa dedica sempre più spazio agli avvenimenti nell'albergo. Gli articoli pubblicati contengono spiacevoli insinuazioni su quei decessi così strani. Giornalisti e fotografi assediano l'albergo. Fuori dai cancelli aspettano gli ospiti per far loro delle domande.

L'energica assistente del direttore interviene prontamente ogni volta. All'inizio tenta di parlare con loro gentilmente per convincerli ad andar via, ma poi minaccia i giornalisti e il loro seguito di chiamare la polizia. Tutto è inutile.

Molti degli illustri ospiti, irritati da quella pubblicità poco gradita, cominciano a partire prima del tempo. Il signor Günther e la signora Elfriede sono molto dispiaciuti. Cercano in qualche modo di salvare la situazione, ma senza successo. In poco tempo il famoso albergo è ormai quasi vuoto. Tra il personale cominciano a circolare strane voci e sospetti su Henry e sulla sua gelosia per Giorgio. Qualcuno avanza persino l'ipotesi che il cuoco francese abbia avvelenato [1] i tre ospiti per vendicarsi dello zio. Il disastro è completo quando l'autopsia rivela che le tre persone sono state effettivamente avvelenate!

A questo punto arriva il commissario incaricato dell'inchiesta. Fra tutte le persone interrogate, solo Henry viene trattenuto a lungo dalla polizia e, quando esce dalla stanza, rosso in viso, sudato e prossimo [2] alle lacrime, tutti possono sentire il commissario che gli dice:

— La esorto a non lasciare il paese per nessun motivo!!! La aspetto al commissariato domani alle 9!

---

1. **Avvelenare**: dare a qualcuno una sostanza che uccide.
2. **Prossimo**: molto vicino.

Comprensione scritta e orale

1 Rileggi il capitolo e indica se le seguenti affermazioni sono vere (V) o false (F).

		V	F
1	Il personale dell'albergo è triste per la scomparsa del miliardario americano.	☐	☐
2	La sera Carolina decide di saltare la cena e di andare in palestra.	☐	☐
3	Secondo Richard il miliardario americano è morto per un infarto.	☐	☐
4	Dopo la morte del signor Fishbottom-Newman l'albergo è nel caos.	☐	☐
5	La vedova non esce dalla sua camera.	☐	☐
6	Il mercoledì successivo alla festa muore una giovane principessa francese.	☐	☐
7	Il medico dell'albergo comincia ad avere dei sospetti.	☐	☐
8	La stampa comincia ad interessarsi alle strane morti all'albergo.	☐	☐
9	Il signor Günther e la sua assistente non fanno niente per salvare la situazione.	☐	☐
10	L'unica persona ad essere interrogata a lungo dal commissario è lo chef francese.	☐	☐

CELI1

2 Nel racconto di Richard sul signor Fishbottom-Newman ci sono alcuni errori. Trovali.

Un mal di testa, dice scuotendo la mano. Non posso crederci! Il signor Fishbottom-Newman era una persona poco sportiva. Veniva ogni settimana in giardino per tenersi in forma. Ho potuto constatare io stesso che era in pessime condizioni fisiche! Guarda, Carolina! Mi ha persino scritto che da giovane è stato campione di sci e ha anche partecipato alle olimpiadi! E poi non era così ricco! Quanto mi fa piacere!

Competenze linguistiche

CELI 1

1 Scegli le attività sportive che si possono fare in palestra e quelle che si possono fare all'aperto.

> camminare sul tapis roulant   correre   fare sci di fondo
> giocare a calcio   giocare a tennis   nuotare   pedalare con la
> cyclette   remare con il vogatore   sciare   sollevare pesi

Attività da fare in palestra	Attività da fare all'aperto

Grammatica

Uso del passato prossimo e dell'imperfetto

Il passato prossimo si usa per:

- indicare azioni avvenute in un periodo di tempo non ancora terminato,
- indicare un'azione terminata e accaduta in un momento passato, anche molto lontano, i cui effetti continuano nel presente.

  *Purtroppo **abbiamo perso** un carissimo amico!*

  *Mi **ha** persino **raccontato** che da giovane **è stato** campione di nuoto.*

L'imperfetto si usa per:

- descrivere azioni abituali e ripetute nel passato,
- descrivere una situazione o un fatto avvenuti nel passato, di cui non si conosce l'inizio o la fine.

  *Il signor Fishbottom-Newman **era** una persona molto sportiva.*

  *La contessa **era** anziana, ma tutti **sapevano** che era in ottime condizioni fisiche e ogni giorno **faceva** lunghissime passeggiate.*

L'imperfetto è di solito accompagnato da espressioni di tempo come: **prima, spesso, di solito, ogni giorno**, ecc.

***Veniva** ogni giorno in palestra per tenersi in forma.*

1 Coniuga i verbi tra parentesi all'imperfetto o al passato prossimo.

1 Da ragazza (*fare*-io) .... molto sport. Adesso invece
(*diventare*-io) .... pigra.

2 L'anno scorso i miei figli (*andare*) .... per la prima volta a
sciare.

3 Negli anni 60 Anna e Paolo .... (*lavorare*) a Pisa.

4 Luisa (*conoscere*) .... suo marito a una festa.

5 Da piccoli (*avere*-noi) .... un gatto e un cane.

6 Durante una gita in montagna Alberto (*scivolare*) .... e
(*rompere*) .... una gamba.

7 Ogni volta che i miei nonni (*venire*) .... a trovarci, ci (*portare*)
.... un piccolo regalo.

8 Un mese fa (*incontrare*-loro) .... Sandro in centro.

Produzione scritta e orale

CELI 1

1 È cambiata la tua vita? Racconta come vivevi dieci anni fa e come vivi
adesso. Se preferisci, puoi raccontare la vita di una persona "inventata".

CELI 1

2 Sia la cronaca nera che quella rosa si interessano alle strane morti al
Grand Hotel du Lac. Proponi il titolo per un articolo di cronaca nera e uno
per un articolo di cronaca rosa.

Articolo di cronaca nera: ....

....

Articolo di cronaca rosa: ....

....

Prima di leggere

1 Queste parole sono usate nel capitolo 7. Associa ogni parola all'immagine corrispondente.

a Una panchina

b Un bicchiere di latte

c Una torcia elettrica

d Uno strofinaccio

e Un portiere di notte

f Un vasetto di spezie

La fine di un incubo

Gli ospiti rimasti in albergo sono ormai pochi. Il disagio che le "morti misteriose" hanno causato all'albergo preoccupa molto il direttore. Il personale ha poco lavoro e passa la maggior parte del tempo a commentare gli ultimi avvenimenti. E questo non fa certo piacere né al signor Günther né alla signora Elfriede!

La signora Fishbottom-Newman trascorre le giornate nella sua suite da cui esce molto raramente. Quando Carolina e Valentine entrano per riordinare la stanza, la vedono sempre vestita di nero in atteggiamento triste, per lo più con la foto del marito in mano. L'immancabile commento della ragazza francese è:

— Per me la vedova non è sincera! È tutta una commedia!

Carolina, ormai abituata, sospira e non apre bocca.

Le indagini della polizia proseguono lentamente, mentre i sospetti su Henry aumentano.

Gli incontri serali di Carolina con Richard nel giardino dietro la cucina continuano regolarmente, anche se ai due riesce sempre più difficile concentrarsi sulle lezioni di inglese e italiano. Generalmente finiscono per parlare della stessa cosa: i tristi avvenimenti all'albergo.

Anche stasera sono seduti su una panchina nel parco. Fa caldo, ma dal lago arriva un piacevole venticello. Al pianterreno tutte le luci sono spente. La cena per gli ospiti rimasti e il riordino della cucina sono finiti da molto tempo.

— È proprio un brutto pasticcio! sospira Carolina per l'ennesima volta. Secondo me, il colpevole non può essere Henry! Sarebbe troppo semplice. Il cuoco francese è un gradasso, ma non certo un assassino! Qui c'è qualcosa che non quadra!

— Sono assolutamente d'accordo. Henry urla e sbraita, ma non è capace di uccidere una mosca! È certamente molto geloso di Giorgio, ma non al punto di diventare un assassino! E poi tutti possono entrare in cucina e mettere il veleno negli ingredienti che solo tuo zio usa per preparare i suoi piatti. Nessuno controlla quella stanza. Io, per esempio, due giorni fa non riuscivo a dormire, sono sceso e, alle tre del mattino, sono entrato indisturbato in cucina per bere un bicchiere di latte. Tutto era aperto e nessuno mi ha fermato, nemmeno il portiere di notte! Ti rendi conto? conclude il ragazzo in tono di disapprovazione.

— Oh! esclama la ragazza. Si è fatto tardi! Sono già le due e io...

Non riesce a finire la frase perché Richard le tappa la bocca con una mano.

— Zitta! le sussurra. Ho visto una debole luce in cucina. Vado a vedere che cosa succede. Tu resta qui, mi raccomando!

— Ma nemmeno per sogno! ribatte Carolina. Vengo con te!

Entrano senza far rumore nella grande stanza e scorgono una persona che, con l'aiuto di una torcia elettrica, sta mettendo qualcosa in uno dei vasetti di spezie dello zio.

— Oh, santo cielo! sussurra la ragazza. Ma è...

Non riesce a finire la frase, perché Richard, proprio in quel momento, urta una pila di piatti e la fa cadere. Nel tentativo di afferrarli, si ferisce a una mano e comincia a sanguinare. Per cercare uno strofinaccio o qualcosa per tamponare la ferita, si allontana e lascia sola Carolina. Purtroppo, però, anche l'altra persona si è accorta dei due e si avvicina con aria minacciosa. Nel buio riesce a vedere solo la ragazza. La afferra con forza, le mette le mani al collo e comincia a stringere. La stretta è molto forte: Carolina può a malapena respirare, ma riesce comunque a gridare:

— Richard! Aiuto! Aiuto!

Le sue urla rendono ancora più rabbioso il suo aggressore che, a sua volta, comincia a gridare con un forte accento americano:

— Smettila, stupida ragazzina! Che cosa fai qui? Non ti permetto di rovinare i miei piani... Finora tutto ha funzionato perfettamente...

Vorrebbe continuare a gridare la sua rabbia di essere stato scoperto, ma la cucina improvvisamente si illumina. Richard afferra l'aggressore e lo butta a terra mentre nella stanza irrompono, trafelati, il portiere, il signor Günther e la sua assistente. La signora Fishbottom-Newman, furiosa e fuori di sé, cerca faticosamente di rialzarsi, mentre continua a urlare in inglese parole senza senso.

Comprensione scritta e orale

CELI 1

1 Rileggi il capitolo e poi rispondi alle domande.

1 Come mai il personale dell'albergo ha poco lavoro?
2 Come si comporta la signora Fishbottom-Newman?
3 Di che cosa parlano durante i loro incontri Richard e Carolina?
4 Che cosa pensano i ragazzi di tutta questa storia?
5 Perché Richard non lascia parlare Carolina?
6 Che cosa vedono i due ragazzi, quando entrano nella cucina dell'albergo?
7 Quale incidente mette in pericolo la vita di Carolina?
8 Come reagisce la persona misteriosa?
9 Chi accorre alle urla disperate di Carolina?
10 Chi è la persona misteriosa? E come reagisce?

Competenze linguistiche

1 Collega le espressioni del capitolo 7 alle loro definizioni.

1	Fare il gradasso.	a ☐	Una persona che non fa male a nessuno.
2	Qualcosa non quadra.		
3	Nemmeno per sogno.	b ☐	Per ricordare qualcosa a qualcuno.
4	Non essere capace di uccidere una mosca.	c ☐	Distruggere i progetti di qualcuno.
		d ☐	Far credere di essere più forte.
5	Rovinare i piani.	e ☐	Non voler fare qualcosa in nessun modo.
6	Mi raccomando.		
		f ☐	Qualcosa non convince...

2 Risolvi il cruciverba.

Orizzontali

1   Lo cerca Richard per tamponare la ferita.

5   Quelle della polizia proseguono lentamente.

6   È molto forte quella dell'aggressore.

7   Il colore dei vestiti della signora Fishbottom-Newman in questo capitolo.

10   Qualcuno lo ha messo negli ingredienti che solo lo zio usa per cucinare.

Verticali

2   Il modo in cui il signor Günther, la sua assistente e il portiere irrompono in cucina.

3   Il modo in cui Richard è entrato nella cucina alle tre di notte.

4   Lo sono le morti nell'albergo.

8   Quella che Richard vede in cucina è debole.

9   Quella che usa la persona misteriosa è elettrica.

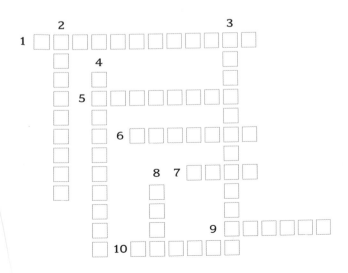

Grammatica

I verbi pronominali

I verbi pronominali sono verbi che si coniugano con uno o più **pronomi** e che assumono un significato diverso da quello originale. Il più famoso è *esserci*. Altri verbi pronominali sono: *farcela/andarsene/cavarsela/smetterla*. *Carolina sospira e dice a Richard: "Qui c'è qualcosa che non quadra".*

Esempi di coniugazione: *ci sono/ci sei/c'è/ci siamo/ci siete/ci sono; la smetto/la smetti/la smette/la smettiamo/la smettete/la smettono. La signora Fishbottom-Newman grida a Carolina "**Smettila**, stupida ragazzina!"*

1 Inserisci negli spazi vuoti i verbi personali adatti scelti tra quelli elencati.

esserci cavarsela smetterla andarsene farcela mettercela

1 Non sappiamo se questa sera .... ad arrivare in tempo per il concerto.

2 Nel frigorifero non .... latte. Potresti comprarlo?

3 Per superare quell'esame così difficile, dovrebbe .... tutta!

4 Non .... tanto bene in matematica.

5 Gli ospiti ieri sera .... presto.

6 .... di cantare, per favore. Mi dai fastidio!

Produzione scritta e orale

CELI1

1 Sicuramente nella regione dove abiti ci sono degli alberghi di lusso. Dai alcune informazioni su uno o due di essi.

CELI1

2 La vedova del miliardario americano esce raramente dalla sua stanza. Secondo te come passa la giornata? Legge? Guarda la TV? Fa yoga?....

PROGETTO **INTERNET**

Visita al Museo Didattico della Seta a Como

Vai sul sito www.blackcat-cideb.com. Scrivi il titolo o una parte del titolo nella barra di ricerca, poi seleziona il titolo. Nella pagina di presentazione del libro clicca su Progetti Internet per accedere ai link.

A Entra nel sito del museo. Cerca nella pagina di "Benvenuto" quali sono gli eventi previsti nel museo per quest'anno e l'anno prossimo.

B Clicca su "Visita". Dove si trova il museo? Ha un indirizzo di posta elettronica? Quali sono gli orari di apertura e di chiusura? Quali sono i prezzi dei biglietti per la visita al museo?

C Clicca su "Mappa delle sale". Quante sale ha il museo? È possibile prenotare la visita tramite internet?

D Clicca su "Shop". Quanti negozi ha il museo e che cosa puoi comprare?

CAPITOLO 8

Tutto è bene quel che finisce bene

Anche oggi all'aeroporto c'è molta gente che parte o arriva. A un tavolino in un angolo del bar un gruppetto di persone chiacchiera finendo di bere qualcosa. Una signora bionda, dall'aria preoccupata, parla fitto fitto con una ragazza che probabilmente è sua figlia e altrettanto probabilmente non la sta ascoltando. Si vede chiaramente che le continue chiacchiere della madre non le interessano molto. All'improvviso un signore alto e magro, che fa parte del piccolo gruppo, interrompe gentilmente la signora bionda:

— Ma basta, Luisa! Non vedi che Carolina non ne può più delle tue raccomandazioni? La nostra ragazza è ormai grande e sa quel che fa. Non dimenticare che ha vissuto avventure ben più pericolose quest'estate!

— Papà ha ragione, si intromette un ragazzo alto dai capelli biondi. Dalle un bacio e lasciamola partire. Dai, su! Adesso è ora di andare. Il suo aereo parte tra poco!

Tutti si alzano e si dirigono verso le partenze. Baci, abbracci, saluti e una lacrima della mamma accompagnano Carolina che lascia la famiglia per salire sull'aereo.

Durante le lunghe ore di volo la ragazza ripensa alla sua avventura estiva. "Mah, per fortuna tutto è finito bene. Certo che ho avuto davvero paura quella sera! Quella terribile signora Fishbottom-Newman mi avrebbe ucciso, se Richard e tutti gli altri non fossero arrivati in tempo. Chissà in quale prigione americana si trova adesso la furbona [1]. Ben le sta! All'inizio ha negato tutto e ha continuato a dare la colpa al povero Henry. Ma il commissario non le ha creduto: tutte le prove erano contro di lei! Ah, il povero cuoco francese..." sospira la ragazza.

"Adesso è lui la star del *Grand Hotel du Lac*! Lo zio ha lasciato l'albergo e ha realizzato il suo sogno di sempre. Il piccolo, ma raffinato ristorante che ha aperto nella nostra città è ormai famoso tra tutti i gourmet! Eh sì, lo zio è veramente bravo! Comunque, dopo quel brutto episodio, Henry non fa più il gradasso come prima. Lui e lo zio sono diventati persino amici!"

A questo pensiero la ragazza non può fare a meno di sorridere. Ricorda con gioia il momento in cui Henry ha chiesto scusa allo zio e gli ha stretto la mano.

"Anche la signora Elfriede e il signor Günther, continua la ragazza mentre guarda le nuvole scure che passano davanti al finestrino, hanno lasciato l'albergo. È un peccato, ma il signor Günther si sentiva un po' responsabile dell'accaduto. E del resto anche lui ha realizzato il sogno della sua vita: un piccolo albergo esclusivo sulle Alpi svizzere! Comunque, quando lui e la sua assistente si sono sposati, è stata proprio una bella festa."

---

1. **Un furbone**: persona che crede di essere astuta.

I suoi pensieri vengono interrotti dalla hostess che arriva per servire il pranzo. La ragazza assaggia e pensa: "Che differenza!! Il banchetto per la festa di nozze, che lo zio e Henry hanno preparato insieme, era semplicemente divino!! Questo invece... Non importa!"

Guarda nuovamente fuori e scorge in lontananza una piccola isola. "Valentine è rimasta in albergo, pensa Carolina con un sorrisino ironico. Chissà chi deve ascoltare adesso le sue continue chiacchiere!"

Tutti questi pensieri la fanno addormentare. Quando si sveglia, il viaggio sta per finire. Si prepara, scende dall'aereo e, dopo aver recuperato il bagaglio, esce nella grande sala e guarda attentamente tra le persone in attesa alla ricerca di qualcuno.

"Eccolo, pensa tutta eccitata. Eccolo là!"

Agita la mano e grida felice:

— Ciao, Richard! Sono qui. Come stai?

Comprensione scritta e orale

CELI 1

1 Rileggi il capitolo e scegli l'alternativa corretta.

1 Il capitolo 8 comincia
   a ☐ al ristorante.
   b ☐ all'albergo.
   c ☐ all'aeroporto.

2 Le persone che accompagnano Carolina sono
   a ☐ i genitori e lo zio.
   b ☐ i genitori e il fratello.
   c ☐ i genitori e Valentine.

3 Il secondo chef Henry adesso
   a ☐ lavora in un ristorante in Francia.
   b ☐ è la star del *Grand Hotel du Lac*.
   c ☐ è in pensione.

4 Valentine
   a ☐ non chiacchiera più, ma lavora sempre al *Grand Hotel du Lac*.
   b ☐ si è sposata con Henry.
   c ☐ chiacchiera sempre e lavora ancora al *Grand Hotel du Lac*.

5 Sull'aereo Carolina
   a ☐ legge un libro.
   b ☐ pensa ai suoi genitori lontani.
   c ☐ si addormenta.

6 Arrivata a destinazione vede tra le persone in attesa
   a ☐ lo zio Giorgio.
   b ☐ Richard.
   c ☐ la signora Fishbottom-Newman.

ATTIVITÀ

Competenze linguistiche

1 Cerca la parola intrusa.

1 aereo/nave/traghetto/bar.
2 figlia/cugina/cucina/zia.
3 baci/piazza/abbracci/saluti.
4 autunnale/estivo/caldo/invernale.
5 cattivo/francese/americano/italiano.
6 mano/bocca/tavolo/braccio.
7 colazione/pranzo/piatto/cena.
8 lettera/valigia/borsa/zaino.

2 Durante il volo Carolina ripensa alla sua avventura estiva. Cerca la parola giusta tra le tre proposte.

1 Durante l'aggressione Carolina ha avuto veramente *fame/paura/male.*
2 Senza l'intervento di Richard la signora americana l'avrebbe *aiutata/legata/uccisa.*
3 Anche se la signora Fishbottom-Newman è una *stupidona/pigrona/furbona*, adesso è in una prigione negli Stati Uniti.
4 Lo zio Giorgio ha aperto *un ristorante/un bar/un albergo.*
5 Henry ha chiesto *aiuto/soldi/scusa* allo zio Giorgio.
6 Il signor Günther e la sua assistente si sono *lasciati/sposati/fidanzati.*
7 L'albergo che hanno aperto nelle Alpi svizzere è *antico/tranquillo/esclusivo.*
8 Il pranzo di nozze dei due era semplicemente *carino/divino/semplice.*

3 **Siamo all'aeroporto. Chi dice che cosa?**

1	Il/la passeggero/-a	a ☐	Documenti, per favore!
2	La hostess	b ☐	Metta la valigia sul nastro, per favore!
3	L'impiegato/-a del duty free shop	c ☐	Ecco il suo profumo. Posso avere la sua carta d'imbarco, per favore?
4	L'impiegato/-a del check-in	d ☐	Posso offrirle un caffè o preferisce tè?
5	Il doganiere	e ☐	Signori e signore, buongiorno. Sono il capitano Romanelli. Benvenuti sul volo da Milano a New York.
6	Il pilota		
		f ☐	Scusi, mi può dire dov'è l'ufficio del cambio?

Grammatica

Il gerundio

Il **gerundio** in italiano si forma aggiungendo il suffisso **-ando** per i verbi del I gruppo e il suffisso **-endo** per quelli del II e III gruppo.
*Un gruppetto di persone chiacchiera **finendo** di bere qualcosa.*

1 **Inserisci negli spazi la forma del gerundio corretta.**

1 Purtroppo hanno avuto un incidente .... (*andare*) al lavoro.

2 Ieri, ... (*fare*) la spesa al mercato, ho visto Franco.

3 Abbiamo saputo la notizia .... (*leggere*) il giornale di oggi.

4 .... (*mettere*) un divano a sinistra della porta, il soggiorno sembrerebbe meno vuoto.

5 Si è rotta un braccio .... (*giocare*) a tennis.

6 .... (*uscire*) dal ristorante abbiamo incontrato tua sorella.

2 Trasforma le frasi usando il gerundio, secondo il modello.

Se telefoniamo subito, troviamo sicuramente Luca a casa sua.
Telefonando subito, troviamo sicuramente Luca a casa sua.

1 Sono partiti e hanno lasciato le chiavi di casa a Franco.
....

2 Telefonava e guardava la TV. Per questo non ha capito niente!
....

3 Se mangi tutta quella roba, ingrassi sicuramente!
....

4 Quando vengo da te stasera, passo anche in libreria.
....

5 È uscita dal parcheggio e non ha visto la macchina dietro di lei.
....

6 Se restiamo ancora qui, perdiamo sicuramente il treno!
....

Produzione scritta e orale

CELI 1

1 Lo zio Giorgio ha aperto il suo piccolo, ma raffinato ristorante. Quale potrebbe essere il nome? Prova a fare una o due proposte e scrivile qui sotto.

....

CELI 1

2 Organizza un viaggio. Decidi:

- la meta e il mezzo di trasporto;
- il periodo e la durata del viaggio;
- la persona o le persone con cui vorresti fare il viaggio;
- il tipo di abbigliamento da mettere in valigia.

1 **Metti in ordine il riassunto del romanzo.**

a ☐ Purtroppo nell'albergo succedono alcuni incidenti spiacevoli. Prima muore, durante la festa per il compleanno della moglie — persona arrogante e antipatica — un simpatico e gentile miliardario americano, poi altri due ospiti.

b ☐ L'atmosfera all'albergo è molto tesa. Molti ospiti, preoccupati per lo scandalo e per l'interesse della stampa, se ne vanno prima del tempo. Tutti sospettano di Henry. Pensano che per vendicarsi dello zio Giorgio, più bravo di lui, abbia ucciso gli ospiti.

c ☐ Carolina non ha voglia di passare l'estate al mare con i suoi genitori come ogni anno. Felicissima accetta l'invito dello zio Giorgio, cuoco famosissimo e bravissimo, di fare pratica durante le vacanze nello stesso albergo di lusso sul lago di Como dove anche lui lavora.

d ☐ Nell'albergo conosce molte persone: Valentine, una ragazza francese della sua età, simpatica ma chiacchierona; Richard, un ragazzo americano molto sportivo; il signor Günther, il direttore dell'albergo, e la sua assistente, la signora Elfriede; il cuoco francese Henry, gelosissimo dello zio di Carolina.

e ☐ Alla fine la verità viene a galla. Una sera tardi Richard e Carolina vedono una debole luce nella cucina dell'albergo, entrano e, dopo una pericolosa aggressione a Carolina, scoprono che l'assassino è la moglie del miliardario americano che voleva ereditare tutti i suoi soldi. La polizia arresta la vedova e tutto finisce bene.

f ☐ All'inizio la diagnosi del medico dell'albergo è infarto, ma, dopo le altre due morti misteriose, deve riconoscere che si tratta di assassinio e chiama la polizia.

2 **Cerca nel serpentone la parola intrusa.**

mieleburrocornettolattecerealipiscinamarmellatapanefettebiscottate

L'intruso è ....

3 **Risolvi il cruciverba.**

Orizzontali

6 Carolina li saluta dal finestrino del treno.

7 È affettuosa quella che lo zio dà sulla schiena a Carolina.

9 Sono ridicoli quelli dello chef Henry.

10 Lo recupera Carolina in aeroporto alla fine del viaggio.

Verticali

1 La nazionalità del signor Günther.

2 Le fa la polizia per trovare il colpevole.

3 La professione dello zio Giorgio.

4 Il posto dove ha luogo la festa di compleanno della signora americana.

5 La sta mangiando l'anziana contessa austriaca quando muore.

8 Il nome del lago dove si trova il *Grand Hotel du Lac*.

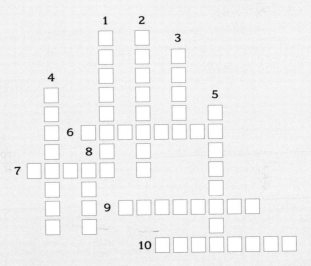

4 **Leggi le descrizioni e scrivi il nome della persona a cui si riferiscono.**

1 Sono francese. Sono la responsabile della reception. ....

2 Anch'io sono francese e lavoro nell'albergo già da tempo. ....

3 Anch'io sono francese. Ho i baffetti e qualche problema di linea, ma sono un uomo attraente. Senza Giorgio sarei il numero 1 all'albergo.

....

4 Sono italiano, ma ho lavorato in tutto il mondo. Adesso, però, preferisco lavorare in Italia. Sono famosissimo. ....

5 Anch'io sono italiana. Questa è per me un'estate speciale. Lavoro qui nell'albergo per fare pratica. ....

6 Non sono italiana. Ho circa 40 anni. Sono bionda e tutti dicono che ho una faccia simpatica. ....

7 Neppure io sono italiano. Ho una posizione molto importante nell'albergo. Mi piacciono i vestiti eleganti. ....

8 Non parlo molto bene l'italiano, ma voglio impararlo anche perché i miei nonni venivano dall'Italia. Fare sport mi piace moltissimo. Vorrei diventare medico. ....

5 **Scegli l'alternativa giusta.**

1 "Dare il benvenuto" significa:
- **a** ☐ salutare una persona appena arrivata.
- **b** ☐ dare una festa per qualcuno che arriva.

2 "Dare una mano" significa:
- **a** ☐ stringere la mano a qualcuno dopo la presentazione.
- **b** ☐ aiutare qualcuno.

3 "Dare un'occhiata" significa:
- **a** ☐ guardare qualcosa per avere una prima breve informazione.
- **b** ☐ chiedere a qualcuno un'informazione.

4 "In bocca al lupo" significa:
- **a** ☐ invitare qualcuno ad andare allo zoo.
- **b** ☐ fare gli auguri a qualcuno che tutto vada bene.

5 "Fare i complimenti" significa:
- **a** ☐ esprimere un giudizio su qualcosa.
- **b** ☐ esprimere ammirazione per qualcosa.

6 "Essere sulla bocca di tutti" significa:
- **a** ☐ dare fastidio a tutti.
- **b** ☐ essere argomento di conversazione o chiacchiere.